NOV 1 8 2004

GLENDALE CALIF. PUBLIC LIBRARY 91205

PACIFIC PARK

Edison Elementary School
435 S. Pacific Ave
Glendale, CA 91204

title I

D0643643

GLENDALE PUBLIC LIBRARY
222 East Harvard St.
Glendale, CA 91205

Ruedas, alas y agua

Bicicletas

Lola M. Schaefer

Traducción de Patricia Cano

Sp
j
C 629.2272
SCH

Heinemann Library
Chicago, Illinois

© 2003 Heinemann Library
a division of Reed Elsevier Inc.
Chicago, Illinois

Customer Service 888-454-2279
Visit our website at www.heinemannlibrary.com

All rights reserved. No part of this publication may be reproduced or transmitted in any form or by any means, electronic or mechanical, including photocopying, recording, taping, or any information storage and retrieval system, without permission in writing from the publisher.

Designed by Sue Emerson, Heinemann Library; Page layout by Que-Net Media
Printed and bound in the United States by Lake Book Manufacturing, Inc.
Photo research by Amor Montes De Oca

07 06 05 04 03
10 9 8 7 6 5 4 3 2 1

Library of Congress Cataloging-in-Publication Data
Schaefer, Lola M.,1950-
  [Bicycles. Spanish]
  Bicicletas / Lola M. Schaefer; traducción de Patricia Cano
    p. cm. – (Ruedas, alas y agua)
Includes index.
Contents: What are bicycles? – What do bicycles look like? – What are bicycles made of? – How did bicycles look long ago? – What is a BMX bike? – What is a racing bike? – What is a track bike? – What is a mountain bike? – What are some special bikes? – Quiz – picture glossary.
  ISBN 1-4034-0915-3 (HC), 1-4034-3530-8 (Pbk.)
  1. Bicycles—Juvenile literature. [1. Bicycles. 2. Spanish language materials.] I. Title. II. Series.
  TL412.S3318 2003
  629.227'2—dc21

2002192162

Acknowledgments
The author and publishers are grateful to the following for permission to reproduce copyright material:
p. 4 Larry Williams and Associates/Corbis; p. 5 Jean-Yves Ruszniewski/Corbis; pp. 6, 15 David Madison/Bruce Coleman, Inc.; p. 7 Spencer Grant/PhotoEdit, Inc.; p. 8 Philip Gould/Corbis; p. 9 Gary W. Carter; p. 10 Hulton-Deutsch Collection/Corbis; p. 11 Bettmann/Corbis; p. 12 Tony Freeman/PhotoEdit, Inc.; p. 13 Jane Faircloth/Transparencies, Inc.; pp. 14, 18, 22, 24 PhotoDisc/Getty Images; p. 16 William Cornett/Image Excellence Communications; p. 17 Matthew Stockman/AllSport/Getty Images; p. 19 Donnelle Oxley; p. 20 David Madison Sports Images, Inc.; p. 21 Kevin R. Morris/Corbis; p. 23 row 1 (L-R) Jane Faircloth/Transparencies, Inc., Philip Gould/Corbis; row 2 (L-R) PhotoDisc/Getty Images; Kevin R. Morris/Corbis; PhotoDisc/Getty Images; row 3 (L-R) Gary W. Carter; David Madison Sports Images, Inc.; Matthew Stockman/AllSport/Getty Images; row 4 David Madison/Bruce Coleman, Inc.; back cover PhotoDisc/Getty Images

Cover photograph by Stephen Welstead/Corbis

Every effort has been made to contact copyright holders of any material reproduced in this book. Any omissions will be rectified in subsequent printings if notice is given to the publisher.

Special thanks to our advisory panel for their help in the preparation of this book:

Anita R. Constantino
Reading Specialist
Irving Independent School District
Irving, TX

Aurora Colón García
Literacy Specialist
Northside Independent School District
San Antonio, TX

Argentina Palacios
Docent
Bronx Zoo
New York, NY

Leah Radinsky
Bilingual Teacher
Inter-American Magnet School
Chicago, IL

Ursula Sexton
Researcher, WestEd
San Ramon, CA

Unas palabras están en negrita, **así.**
Las encontrarás en el glosario en fotos de la página 23.

Contenido

¿Qué son las bicicletas?

Las bicicletas son **vehículos** de dos ruedas.

Llevan personas o cosas.

freno

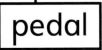

pedal

Movemos las bicicletas con **pedales.**

Las paramos con frenos.

¿Cómo son las bicicletas?

manubrio

asiento

marco

El **marco** de las bicicletas es como un **triángulo**.

Las bicicletas tienen asiento y **manubrio**.

También tienen dos **pedales.**

Las bicicletas son de muchos colores.

¿De qué son las bicicletas?

marco

pedal

El **marco** de las bicicletas es de metal.

Unos **pedales** son de metal y caucho.

asiento puños llanta

Las llantas y los **puños** son de caucho.

Los asientos son de plástico.

¿Cómo eran hace tiempo?

Las primeras bicicletas eran de madera.

Las empujaban con los pies.

Después se hicieron bicicletas con **pedales**.

La rueda delantera era grande y la rueda de atrás era chica.

¿Qué es una bicicleta BMX?

Una bicicleta BMX es pequeña y liviana.

BMX quiere decir "bicicleta motocross".

Las bicicletas BMX se montan
en **caminos de tierra.**

¿Qué es una bicicleta de carreras?

Una bicicleta de carreras pesa muy poco.

Corre rápido en las carreras.

Los ciclistas se agachan sobre
el **manubrio**.

Tienen que empujar los **pedales**
con fuerza para ir rápido.

¿Qué es una bicicleta de pista?

La bicicleta de pista y la bicicleta de carreras se parecen.

Pero la bicicleta de pista no tiene frenos.

Las bicicletas de pista se montan en un **velódromo**.

Las pedalean muy rápido para no caerse de la pista inclinada.

¿Qué es una bicicleta de montaña?

llanta

Una bicicleta de montaña tiene llantas gruesas.

Esas llantas pasan por encima de palos y piedras.

Las bicicletas de montaña se montan en senderos.

Estas bicicletas pueden subir montañas.

¿Qué bicicletas especiales hay?

La **bicicleta doble** es para dos personas.

Tiene dos asientos y dos **manubrios.**

El **taxi-triciclo** tiene tres ruedas.

El taxi-triciclo lleva personas de un lugar a otro.

Prueba

¿Sabes qué bicicleta es ésta?

¡Búscala en el libro!

Busca la respuesta en la página 24.

Glosario en fotos

camino de tierra
página 13

pedal
páginas 5, 7, 8, 11, 15

triángulo
página 6

marco
páginas 6, 8

taxi-triciclo
página 21

vehículo
página 4

puño
página 9

bicicleta doble
página 20

velódromo
página 17

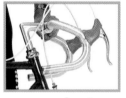

manubrio
páginas 6, 15, 20

Nota a padres y maestros

Leer para buscar información es un aspecto importante del desarrollo de la lectoescritura. El aprendizaje empieza con una pregunta. Si usted alienta a los niños a hacerse preguntas sobre el mundo que los rodea, los ayudará a verse como investigadores. Cada capítulo de este libro empieza con una pregunta. Lean la pregunta juntos, miren las fotos y traten de contestar la pregunta. Después, lean y comprueben si sus predicciones son correctas. Piensen en otras preguntas sobre el tema y comenten dónde pueden buscar la respuesta. El símbolo de vehículo en el glosario en fotos es una bicicleta. Explique que un vehículo es algo que lleva personas o cosas de un lugar a otro. Unos vehículos, como los carros, tienen motores; otros no tienen.

Índice

Respuesta de la página 22
Es una bicicleta de montaña.